iMATTER

"Yo Cuento"

26 AFIRMACIONES PARA CHICAS Y CHICOS

Construyendo la autoestima
A través del ABC de la Vida

Kesha Nichols

3G Publishing, Inc.
Loganville, Ga 30052
www.3gpublishinginc.com
Phone: 1-888-442-9637

©2016, Kesha Nichols. All rights reserved.

No part of this book may be reproduced, stored in a retrieval system, or transmitted by any means without the written permission of the author.

First published by 3G Publishing, Inc., August, 2017.

ISBN: 9781941247358

Printed in the United States of America

Because of the dynamic nature of the Internet, any web addresses or links contained in this book may have changed since publication and may no longer be valid. The views expressed in this work are solely those of the author and do not necessarily reflect the views of the publisher, and the publisher hereby disclaims any responsibility for them.

Contents

ACCEPTANCE~ACEPTACIÓN	10
BEST FRIEND~MEJOR AMIGO	12
CONQUEROR~CONQUISTADOR	14
DOMINION~DOMINIÓ	16
ENCOURAGE~ALENTAR	18
FEARLESS~AUDAZ	20
GIFT~REGALO	22
HAPPY~FELIZ	24
INSPIRED~INSPIRADO	26
JOYFUL~ALEGRIA	28
KIND~AMABLE	30
LOVE~AMOR	32
MIRACLE~MILAGRO	34

NON-NEGOTIABLE~ NO NOGOCIABLE	36
OVERCOMER~VENCEDOR	38
PURPOSE~PROPÓSITO	40
QUALITY~CALIDAD	42
REMARKABLE~NOTABLE	44
SPECIAL~ESPECIAL	46
TREASURE~TESORO	48
UNIQUE~ÚNICO	50
VICTORY~VICTORIA	52
WISDOM~SABIDURÍA	54
X-FACTOR~FACTOR X	56
YOUTHFUL~JUVENIL	58
ZEALOUS~AFÁN	60
JOURNAL~DIARIO	63
RESOURCES~RECURSOS	75

Del Autor

Muchas gracias por recoger este libro, eso dice que usted quiere cambiar su forma de pensar. Te saludo y te dedico este libro. Les aplaudo por dar este primer paso mientras caminan hacia la curación y la transformación.

Yo misma fui intimidada y hubo días en los que quería renunciar y herir a otros porque estaba sufriendo y sufriendo, pero eso no era lo que soy, así que nunca actué sobre ello. Había algo profundo dentro de mí que dijo que no Kesha que valen mucho más. Soy alguien e yo cuento.

Te digo amado que te importa; Dígalo conmigo fuerte y claro "Yo Cuento!" Para mí usted importa.

Kesha Nichols

Introducción

Este libro surgió de mi participación en el "Día de la Carrera" en una escuela primaria pública. Hice la siguiente pregunta a los estudiantes: "Si escribieras tu propio libro hoy, ¿cuál sería el título de tu libro?" Una hermosa niña escribió "ACOSO" en su papel. Miré su papel tres veces y le pregunté si "ACOSO" era el título de su libro y ella respondió, "SÍ". Bien, esto rasgó a mi corazón y yo supe inmediatamente ese día que tenía que hacer algo y por los acontecimientos de esa tarde este libro fue levantado de mi alma.

La intimidación es una pesadilla que los chicos viven todos los días a manos de sus padres, hermanos, compañeros de clase y compañeros. Esta cuestión debe ser abordada de manera que permita a los chicos reportar este tipo de abuso sin temor a represalias. Yo Cuento será una herramienta para llegar a todo el mundo y dará a los chicos el conocimiento esencial para su supervivencia cuando se enfrentan a la intimidación. ¡Es hora de salvar a nuestros hijos!

Yo Cuento - 26 Afirmaciones son para chicas y chicos. Tiene 26 afirmaciones, con una afirmación para cada letra del alfabeto, una palabra afirmativa para el día con la definición de la palabra y está acompañada por una revista.

Construyendo la Autoestima
A través del ABC de la Vida

AFIRMACIÓN PARA HOY

ACCEPTANCE~ACEPTACIÓN

Ser aceptado comienza con usted primero. Sepa que tiene mucho que ofrecer.

Dígalo conmigo "tengo mucho que ofrecer" repítelo una y otra vez hasta que lo crea.

A – Acceptance~Aceptación

IDENTIFIQUE: Me acepto tal como soy. Ya no miro a otros para aceptación o validación.

AFIRME: Hoy concuerdo con usted que es aceptable, sólo la manera que usted es.

Aceptación- (1) recepción favorable, la aprobación (2) el acto de aceptar o el estado de ser aceptado o aceptable.

.

A

Celebre Ser Aceptado

AFIRMACIÓN PARA HOY

BEST FRIEND~MEJOR AMIGO

Usted tiene tanto que ofrecer, su amabilidad y personalidad encantadora. Estoy más que confiado que antes de que usted lo sepa usted va a tener amistades genuinas verdaderas.

Dígalo conmigo "Ser mi propio mejor amigo es todo lo que necesito."

B – Best Friend~Mejor Amigo

IDENTIFIQUE: Hoy seré mi mejor amigo primero. Abrir la oportunidad para mí, tener amistades significativas.

AFIRME: Hoy concuerdo que usted es su mejor amigo.

Mejor-(1) de mas alta calidad, excelencia o altura.

Mejor Amigo - (2) El amigo más cercano de usted.

B

Celebre Nuevas Amistades

AFIRMACIÓN PARA HOY

CONQUEROR~CONQUISTADOR

Usted tiene la capacidad de superar cualquier obstáculo, esto lo sé con seguridad. Naciste con gran fuerza, eso es lo que te hace más que un conquistador.

Díganlo conmigo: "Soy más que un Conquistador".

C – Conqueror~Conquistador

IDENTIFIQUE: Creo que puedo hacer lo que ponga a mi mente. ¡Soy más que un Conquistador!

AFIRME: Hoy concuerdo que puede conquistar cualquier cosa que se le interponga en su camino de la grandeza.

Conquiste – (1) vencer la derrota (2) vencer (un obstáculo, sentirse, el deseo, etc.)

C

Celebre Su Confianza

AFIRMACIÓN PARA HOY

DOMINION~DOMINIÓ

Hoy usted desafío a tomar dominio sobre sus dudas y su destino. Creo que naciste con tanta grandeza para que el mundo lo vea.

Dígalo conmigo "Tengo Dominio y hay un gran destino para mi vida, ni dudas o el miedo pueden retenerme."

D – Dominion~Dominio

IDENTIFICAR: Ya no caminaré en duda, sino que caminaré en fe creyendo que tengo dominio sobre todo.

AFIRME: Hoy estoy de acuerdo en que la duda ya no es una opción en tu vida porque tienes dominio sobre ella. ¡Dilo alto y claro que tengo Dominio!

Dominio - el poder de gobernar, tener control, autoridad o influencia.

D

Celebre tener Autoridad

AFIRMACIÓN PARA HOY

ENCOURAGE~ALENTAR

Cuando usted aprende cómo animarse a sí mismo, entonces permite que la puerta se abra para que otros le animen también.

Dígalo conmigo "primero me animaré a mí mismo para poder animar a alguien más".

E – Encourage~Alentar

IDENTIFIQUE: Aprenderé cómo alentarme, cuando nadie este a mi alrededor para hacerlo

AFIRME: Hoy estoy de concuerdo que usted puede alentarse a sí mismo y siempre mantenerse alentado.

Alentar - inspirar con valor, el espíritu o la confianza.

E

Celebre Su Valor

AFIRMACIÓN PARA HOY

FEARLESS~AUDAZ

Eres excepcional, y te hace valiente. Sepa que fue creado para ser un campeón, para ser el mejor en lo que se creó para ser. No puedes dejar que el miedo te detenga.

Dígalo conmigo "¡No tengo miedo!"

F – Fearless~Audaz

IDENTIFIQUE: Me diré cada mañana que soy Audaz y Temerosamente hecho.

AFIRME: Hoy concuerdo con usted que es audaz y hecho sin temor. No hay nadie como usted; es cultivado por la mano de Dios sin temor.

Audaz – (1) sin temor, bravo, valiente (2) invulnerable, o la intimidación.

F

Celebre que no tienes Miedo

AFIRMACIÓN PARA HOY

GIFT~REGALO

Los regalos vienen en todas las formas y tamaños. Muchas veces los mejores regalos son inesperados. Usted es un regalo inesperado listo para ser desempaquetado para que el mundo vea.

Dígalo conmigo "soy un regalo" Soy el mejor regalo que cualquier persona puede tener como amigo, hermano, hermana, hijo o hija ... ¡SOY UN REGALO!

G – Gift~Regalo

IDENTIFIQUE: Soy un regalo para ser desenvuelto para otros ver mi grandeza.

AFIRME: Hoy concuerdo con usted que es un regalo para el mundo de ver y desenvolver.

El regalo – una capacidad o la capacidad especiales, donación natural, el talento.

G

Celebre Su Regalo

AFIRMACIÓN PARA HOY

HAPPY~FELIZ

Todos merecemos ser felices. Mi felicidad comienza conmigo. Cierra los ojos y piensa sólo en cosas buenas, las cosas que te hacen feliz. Ahora, ¿qué te hace feliz? ¿Que ves?

Dígalo conmigo "Soy feliz" a partir de hoy mi felicidad comienza conmigo.

H – Happy~Feliz

IDENTIFIQUE: Merezco llevar una vida feliz hoy y cada día de ahora en adelante.

AFIRME: Hoy concuerdo que la felicidad ahora será una parte de su vida que comienza hoy.

Feliz – (2) encantó, complació, o contento (2) sintiéndose, para mostrar, o para expresar alegría, complació.

H

Celebre Sea Feliz

AFIRMACIÓN DE HOY

INSPIRED~INSPIRADO

Tu inspiración viene de dentro. Que te inspira; Ayudar a otros, cuidar animales, ayudar a cocinar la cena o plantar flores en el patio. Lo que sea que te inspire, será el mejor haciéndolo. Ya tienes grandeza en ti.

Dígalo conmigo "Estoy inspirado para ser el mejor ____".

I – Inspired~Inspirado

IDENTIFIQUE: Soy inspirado a hacer nuevos cambios en mi vida y construir nuevas amistades.

AFIRME: Hoy soy inspirado acerca de mis nuevos cambios en mi vida...cambio...es bueno.

Inspirado – como una influencia, sentirse, el pensamiento, o cosa igual hacen.

I

Celebre Cambio

AFIRMACION POR HOY

JOY~ALEGRIA

Estoy alegre en mi corazón, estas son las palabras de una canción y lo verdaderas son estas palabras. Tu corazón está lleno de alegría y cada día tienes la opción de vivir un día de alegría.

Dígalo conmigo "este mundo no me dio mi gozo y este mundo no puede quitarlo".

Esta alegría es mía .... ¡Oh sí es!

J – Joyful~Alegre

IDENTIFIQUE: Merezco vivir una vida Alegre y nadie lo puede quitar.

AFIRME: Hoy concuerdo que cada día ahora en adelante será un día leño de alegría.

Alegre – lleno de alegría, regocijado.

J

Celebra la Alegría

AFIRMACIÓN PARA HOY

KIND~AMABLE

Creo que ser amable te llevará lejos en la vida. Hacer un acto amable por lo general no es tanto para la persona que recibe, sino para la persona que da. Leí que las personas que se ofrecen voluntariamente o hacen actos de bondad diarios viven vidas más saludables que aquellos que no lo hacen. Soy voluntario fielmente. Hoy en día hacer algo amable, actos de bondad siempre volverá a ti.

Dígalo conmigo "Soy amable y merezco que me traten con bondad".

K – Kindness~Bondad

IDENTIFICAR: La bondad me seguirá donde vaya. Merezco ser tratado amable.

AFFIRM: Hoy estoy de acuerdo en que usted merece ser tratado con gran amabilidad.

Amabilidad - (1) la práctica o la calidad de ser amable (2) un acto amable, considerado o útil.

K

Celebre su Buen Corazón

AFIRMACIÓN PARA HOY

LOVE~AMOR

Eres tan querido, por eso escribí este libro, sí para ti. Te prometo que verás que hay muchos otros que sienten lo mismo por ti.

Primero empieza con usted, dígalo conmigo "Soy Amado, Soy Amado" una vez más Soy Amado. Sí es usted".

L – Love~Amor

IDENTIFICAR: Soy Amor, así que lo doy y espero conseguirlo a cambio.

Afirme: Hoy estoy de acuerdo en que caminarás en amor y el amor volverá a ti a cambio.

Amor - (1) por afecto o simpatía (2) infundido o sentimiento de profundo afecto o pasión.

L

AFIRMACIÓN DE HOY

MIRACLE~MILAGRO

Creo en los milagros y creo que los milagros ocurren todos los días. Cuando un bebé nace, es un milagro. Sé que crees en milagros porque eres un milagro; Lo que te hace especial.

Dígalo conmigo: "Soy un Milagro".

M – Miracle~Milagro

IDENTIFICAR: Creo que soy un milagro que camina, que vive y que respira. ¡Sí, soy un milagro!

AFFIRME: Hoy estoy de acuerdo en que usted es un milagro.

Milagro - (1) una persona o cosa que es un maravilloso ejemplo de algo (2) una maravilla.

M

Celebre su Milagro

AFIRMACION PARA HOY

NON-NEGOTIONABLE~NO NEGOCIABLE

Hay ciertas cosas en la vida que son negociables, que soy y mi gran valor no es uno de ellos. No soy negociable.

Díganlo conmigo: "Valgo más que cualquier cosa material; Usted no puede poner un precio en mi valor. Soy valioso, soy INESTIMABLE. ¡No soy negociable! "

N – Non-Negotiable~No Nogociable

IDENTIFICAR: Yo Cuento y quien soy no es negociable. Mi valor y valor no pueden ser negociados.

AFFIRME: Hoy estoy de acuerdo en que usted importa y eso no es negociable.

No es un prefijo que significa "no".

Negociable - mutuo o discutir sobre, arreglo de los términos de un acuerdo.

N

Celebre usted "usted si Cuenta"

AFIRMACIÓN POR HOY

OVERCOMER~VENCEDOR

Puedo superar cualquier obstáculo que vaya a mi camino. Tengo una gran fuerza interior para superar cualquier reto o situación a la que me enfrento.

Díganlo conmigo: "Soy un Vencedor".

O – Overcomer~Vencedor

IDENTIFICAR: Puedo superar cualquier obstáculo que vaya a mi camino.

AFFIRME: Hoy estoy de acuerdo en que usted tiene la capacidad de superar todos y cada uno de los obstáculos, desafíos y problemas en su vida.

Superar - tener éxito en tratar con un problema o dificultad.

O

Celebre ser un Vencedor

AFIRMACIÓN PARA HOY

PURPOSE~PROPÓSITO

¿Qué crees que fuiste creado para hacer? ¿Sabes que tienes un propósito en la vida, qué piensas que es ese propósito? Aunque puede ser joven, sigue siendo lo suficientemente importante como para hacer algo extraordinario.

Cuando te das cuenta de lo que es ese propósito, vas a hacer una diferencia en el mundo.

Dígalo conmigo "Tengo un gran Propósito y voy a ser un cambiador del mundo."

P - Purpose~Propósito

IDENTIFICAR: Fui creado con un gran propósito y destino para mi vida.

AFIRME: Hoy estoy de acuerdo en que el propósito de Dios para tu vida es mucho mayor de lo que puedas imaginar por ti mismo.

Propósito - (1) El objeto hacia el cual se esfuerza o por el cual existe algo; Un objetivo o una meta (2) determinación, resolución.

P

Celebre Su Propósito

AFIRMACIÓN PARA HOY

QUALITY~CALIDAD

Usted no es basura, por lo contrario usted es una grande persona, usted es de calidad. No deje que nadie le diga algo diferente; un compañero de clase, un miembro de la familia, un maestro e incluso un padre. Eres la crème de la crème, eres todo eso y luego un poco más.

Dígalo conmigo "soy mejor que la media, soy de gran calidad."

Q - Quality~Calidad

IDENTIFICAR: Me merezco la mejor calidad de vida que tan ricamente se creó para tener.

AFIRME: Hoy estoy de acuerdo en que sus grandes cualidades serán conocidas por otros, no más aceptando lo que no merece.

Calidad - (1) una característica distintiva, propiedad o atributo (2) grado o estándar de excelencia, un alto estándar.

Q

Celebre sus Cualidades

AFIRMACIÓN PARA HOY

REMARKABLE~NOTABLE

Mira en el espejo ves lo notable que eres? Confía en mí los que no te gusta es seguramente porque no es notable y no tienen lo que se necesita, ni siquiera se acercan a su grandeza.

Dígalo conmigo "soy notable, soy un original y eso me hace uno de una clase."

R – Remarkable~Notable

IDENTIFICAR: Soy un original y eso me hace notable.

AFFIRME: Hoy estoy de acuerdo en que usted es notable. No hay nada común u ordinario sobre usted. Verdaderamente uno de una clase.

Notable - (1) digno de ser susceptible de ser notado especialmente como siendo infrecuente o extraordinario (2) digno de la atención.

R

Celebre Ser Extraordinario

AFIRMACIÓN PARA HOY

SPECIAL~ESPECIAL

Sólo hay uno de usted, ni siquiera los gemelos son creados por igual, cada uno de nosotros tiene nuestra propia identidad, personalidad, don y talento. Eso es lo que nos hace todos especiales; Hay un pequeño grupo que son extra-especiales, sólo extra-ordinario. Creo que usted es ese pequeño grupo.

Dígalo conmigo "Soy extra-especial, extra ordinario."

S – Special~Especial

IDENTIFICAR: Yo soy especial; Nací con un propósito y un plan únicos para mi vida, que me hace extraordinario y único. ¡Soy especial!

AFFIRME: Hoy estoy de acuerdo con usted que usted es especial y Dios tiene un gran plan para su vida.

Especial - (1) mejor que ordinario (2) distinguido, separado o sobresaliendo otros de su clase.

S

Celebre que usted es Especial

AFIRMACIÓN PARA HOY

TREASURE~TESORO

Usted es un tesoro preciado. Hay tanto que decir sobre usted, es que es genial. Borrar todo pensamiento negativo o algo malo que la gente pueda haber dicho a usted o sobre usted. Nada de eso es verdad, eres una joya, un tesoro, un premio para contemplar.

Dígalo conmigo "soy un tesoro premiado".

T – Treasure~Tesoro

IDENTIFICAR: En mí hay un gran tesoro escondido que no tiene precio.

AFIRME: Hoy estoy de acuerdo en que eres un tesoro para ser encontrado por otros tu valor es valioso eres impagable.

Tesoro - una cosa o persona que es muy valorada.

T

Celebre que no tiene Precio

AFIRMACIÓN DE HOY

UNIQUE~ÚNICO

Mira en el espejo contemplar la belleza que viene de adentro hacia afuera. Eres un original; no hay nadie que pueda superar como tú eres. Usted no puede ser duplicado, usted es único, uno en un millón.

Dígalo conmigo "Soy un original que me hace bastante único".

U – Unique~Único

IDENTIFICAR: Soy único, mi forma de ser es un regalo, listo para ser desempaquetado para que el mundo lo vea.

AFFIRME: Hoy estoy de acuerdo en que su singularidad brillará radiantemente para que el mundo vea. Solamente usted puede hacer lo que usted hace... ¡Usted es único!

Único - siendo el único de un tipo particular, único, único (2) sin igual o similar; incomparable.

U

Celebre su Singularidad

AFIRMACIÓN PARA HOY

VICTORY~VICTORIA

Creo que no hay nada que no puedas superar. Usted tiene la victoria sobre cada problema o situación que viene en su camino.

Díganlo conmigo: "Tengo la victoria; No puedo ser derrotado".

V – Victory~Victoria

IDENTIFICAR: Tengo la victoria sobre todos los desafíos o problemas que pueda enfrentar.

AFFIRME: Hoy estoy de acuerdo con usted que usted tiene la victoria para superar cualquier desafío o problema. ¡Eres victorioso!

Victoria - un éxito alcanzado en un concurso o lucha o sobre un oponente, un obstáculo o un problema.

V

Celebre ser Victorioso

AFIRMACIÓN PARA HOY

WISDOM~SABIDURÍA

En todas las cosas use la sabiduría, usar la sabiduría es clave en toda su toma de decisiones. Tomar decisiones sabias en la vida te llevará a lugares que nunca has soñado. Abrirá puertas a grandes posibilidades más allá de su imaginación.

Dígalo conmigo: "Usaré la Sabiduría en todo lo que hago especialmente en la elección de amigos".

W – Wisdom~Sabiduría

IDENTIFICAR: Usaré sabiduría al elegir a mis amigos.

AFFIRME: Hoy estoy de acuerdo en que ser sabio en la elección de sus amigos es la clave, ya no acepta personas negativas. Ya no dejarás que otros te eligieran, sino que los elegisteis. Tú eliges a quien llamas amigo.

Sabiduría - la capacidad o el resultado de una capacidad de pensar y actuar utilizando el conocimiento, la experiencia, la comprensión, el sentido común y la comprensión.

W

Celebre su nueva Perspectiva

AFIRMACIÓN PARA HOY

X-FACTOR~FACTOR X

Realmente creo que la persona que leyó este libro nació con gran significado. Uno para ser celebrado. En pocas palabras, usted es un Factor X.

Dígalo conmigo "Yo soy un Factor X y un día mi nombre será genial para hacer una marca significativa en el mundo".

F- X Factor~Factor X

IDENTIFICAR: Yo soy genial; ¡Soy un Factor X!

AFFIRME: Hoy estoy de acuerdo con usted que usted es grande y un cambiador del mundo; Usted es realmente un Factor X.

Factor X - un talento especial digno de una calidad (2) una variable en una situación dada que podría tener el impacto más significativo en el resultado.

X

Celebre su Grandezas

AFIRMACIÓN PARA HOY

YOUTHFUL~JUVENIL

Disfrute de sus días de joven. Tienes muchas grandes experiencias para mirar hacia adelante. No dejes que nadie se interponga en el camino de tus sueños y aspiraciones. Tu vida importa, tú importa.

Disfrute de cada día y cada día que ha dado gracias. No importa la edad que pueda llegar a ser siempre ser joven en el corazón.

Díganlo conmigo: "Importa y cada día es un día para ser celebrado".

Y – Youthful~Juvenil

IDENTIFICAR: El mundo necesita saber que los jóvenes tienen sentimientos y que nos importa. Disfruta estos años de tu juventud. ¡YO IMPORTO!

AFFIRME: Hoy estoy de acuerdo en que puede ser joven, pero no importa. Sus años de juventud son los mejores años de su vida. Disfruta y vive bien.

Juvenil - tener o mostrar la frescura o la energía de alguien que es joven.

y

Celebre a su Juventud - su Voz

AFIRMACION DE HOY

ZEALOUS~AFÁN

Sé que dentro de ti hay un afán de hacer un gran impacto en este mundo. Después de todo usted es un cambiador del mundo.

Sobre qué eres mas apasionado; Tomar esa energía positiva, hacer una diferencia un impacto en la vida de alguien. Estoy más que seguro de que puedes y que lo harás.

Dígalo conmigo: "Soy celoso de la vida a lo máximo y voy a hacer una marca en este mundo".

Z – Zealous~Afán

IDENTIFICAR: Soy celoso de vivir una vida llena de posibilidades, grandeza, propósito y con verdaderos amigos.

AFFIRME: Estoy totalmente de acuerdo con usted que su nueva actitud de aspiración va a cambiar su vida para mejor.

Afán - lleno de o inspirado por un intenso entusiasmo o afán.

Z

Celebre Su Afán

DIARIO

¿Cómo me ha inspirado hoy mi afirmación?

_____

_____
_____
_____
_____
_____
_____
_____
_____
_____
_____
_____

Recursos

Youth Frontiers, Inc.
6009 Minneapolis, MN 55416
Youthfrontiers.org
Phone Number 888-992-0222

Not In Our Town
P. O. Box 70232
Oakland, CA. 94612
Info.niot.org
Phone Number 510-268-9675

Make Beats Not Beat Downs
Makebeatsnotbeatdown.org
mbnbd@hotmail.com

Stop Bullying
stopbullying.gov

Pacer's Center, Inc.
National Bullying Prevention Center
8161 Normandale Blvd.
Bloomington, MN. 55437
pacer.org
bullying411@pacer.org

Megan Meier Foundation
515 Jefferson Suite A
St. Charles, MO 63301
Meganmeierfoundation.org
info@meganmeierfoundation.org
Phone Number 636-757-3501

Do Something
19 West 21st Street, 8th Floor
New York, NY 10010
dosomething.org
help@dosomething.org
Phone Number 212-254-2390

Children With Out A Voice
Ambassadors 4 Kids Club
P. O. Box 4351
Alpharetta, GA. 30023
info@a4kclub.org
Phone Number 404-474-4020 Ph. 800-999-9999 (for children) Ph. 800-422-4453 (for parents)

Ground Spark
901 Mission Street, Suite 205
San Francisco, CA 94103
info@groundspark.org
Phone Number 800-405-3322 Ph. 415-641-4616

Champions Against Bullying
championsagainstbullying.com

The No Bully System
1014 Torney Avenue
P. O. Box 29011
San Francisco, CA. 94129
Phone Number 415-767-0070

Stomp Out Bullying
stompoutbullying.org
Phone Number 877 (NO BULLY) 602-8559

Angels Hope Australian Anti Bullying Organization
Angels4olivia.org

Up Stand in New Zealand
upstand.org
Phone Number 800 – kids line (800 54 37 54)

www.ingramcontent.com/pod-product-compliance
Lightning Source LLC
Chambersburg PA
CBHW061507040426
42450CB00008B/1511